ENTRANDO AL MUNDO YouTube

Consejos para sacarle el mayor partido

Rubén Montero Torres

Autor Rubén Montero Torres

IT Campus Academy © 2018

ISBN: 9781790131273

INTRODUCCIÓN	5
¿DE QUÉ TRATARÁ SU CANAL?	7
COMO ENCONTRAR SU NICHO	9
CÓMO HACER DINERO EN YOUTUBE	14
EQUIPO EN EL QUE DEBE INVERTIR	18
SU FLUJO DE TRABAJO - CREANDO Y SUBIENDO VIDEOS	27
CÓMO HACER VIDEOS SIN ESTAR DELANTE DE LA CÁMARA	36
CONSEJOS PARA LOGRAR VIDEOS INCREIBLES	40
CÓMO AYUDAR A LA GENTE A ENCONTRAR SUS VIDEOS	44
CONSEJOS PARA HACER CRECER SUS SEGUIDORES	51
CONVIÉRTASE EN UNA CELEBRIDAD DE YOUTUBE - HOJA DE TRUCOS	57
CONSEJOS PARA MEJORAR SUS VIDEOS	59
TRÁFICO DE YOUTUBE	63
CREACIÓN DE UN PLAN DE MARKETING DE YOUTUBE	65

LA ESTRATEGIA DE SOMBRERO GRIS PARA EL ÉXITO DE RANKING DE YOUTUBE   **69**

6 MÉTODOS GENERALES PARA MÁS VISITAS Y TRÁFICO EN YOUTUBE   **74**

CONCLUSIÓN   **79**

INTRODUCCIÓN

Hay muchas formas de ganar dinero en línea, pero ninguna como convertirse en una celebridad en YouTube. Ganar dinero a través de YouTube significa no solo que tiene una fuente de grandes ingresos sin hacer una gran inversión, sino que también significa lograr en cierta medida fama real. De hecho, muchos youtubers han visto como su fama los ha llevado incluso a protagonizar películas, series o compañas publicitarias de grandes marcas.

Si se hace grande en YouTube, entonces la gente lo reconocerá en la calle e incluso puede llevar a otras oportunidades para su negocio como hemos dicho. Así es como se hacen las celebridades en la era digital, ¿por qué no involucrarse?

Por supuesto, esto no es lo que una celebridad de YouTube realmente le dirá. Dirán que lo tienen difícil, que hacer contenido para YouTube es más difícil de lo que parece, que es un trabajo duro y que Google se lleva la mayor parte de sus comisiones.

Esto puede ser cierto y seguramente lo descubrirá por usted mismo en no mucho, pero al final del día, la gente que publica en YouTube siguen haciendo un video al día (¡a menudo solo un video a la semana!) y todavía están ganando grandes cantidades de dinero por hablar delante de una cámara sobre algo que les encanta.

Pero no malinterprete lo que acaba de leer, nada de esto quiere decir que convertirse en una celebridad de YouTube suponga "enriquecerse rápidamente sin trabajar".

De hecho, ganar dinero en YouTube no es fácil en absoluto. Hay una habilidad definitiva para esto y también influye tener un poco de suerte. Mucha gente trabaja increíblemente duro en su contenido de YouTube durante años, para nunca ver resultados reales en él.

Entonces, la pregunta es: ¿cómo hace para explotar su contenido y construir un modelo de negocio efectivo en YouTube? ¿Cómo puede convertirse en la próxima gran sensación de YouTube? ¿Y qué pasa si no tiene una sonrisa que enamore a la cámara?

Trataremos de responder algunas de estas cuestiones y otras más en este libro. Aquí, aprenderá lo que necesita saber para alcanzar su éxito en YouTube. Aprenderá no solo cómo crear una audiencia masiva en algún momento, sino también cómo aprovechar al máximo esa audiencia; verá cómo puede ganar dinero con los anuncios y los patrocinadores, también descubrirá trucos de crecimiento para acelerar su progreso y verá cómo hacer un canal de YouTube efectivo sin siquiera poner un pie delante de la cámara. Vamos a ello.

¿DE QUÉ TRATARÁ SU CANAL?

Al crear prácticamente cualquier negocio en línea, ya sea un marketing de afiliación negocios, un blog o cualquier otra cosa la primera pregunta que a menudo tendrá que hacerse es de qué se tratará. O utilizar el lenguaje de negocios correcto en Internet: ¿cuál va a ser su nicho?

Un nicho es un tema que atraerá a una audiencia específica. Un ejemplo de un nicho podría ser la "costura". La costura es algo que atrae en gran medida a las mujeres mayores, pero también muchas mujeres más jóvenes están en estos días interesadas también en la costura, junto con otros tipos de manualidades. Y, por supuesto, a algunos hombres también les gusta coser, ¡no estereotipemos aquí! De cualquier manera, la mayoría de las personas están interesadas en coser o no lo están; por lo tanto, tiene un atractivo de nicho y le brinda una audiencia específica.

Sin embargo, puede ir a nichos más específicos si lo prefiere y elegir "tejido de ganchillo" o "patrones de costura de aves", pero debe tener presente que cuanto más específico sea el nicho seleccionado más se reducirá la posible audiencia.

Otro ejemplo de nicho es el fitness. Ahora bien, la buena forma física es un nicho mucho más grande porque atraerá a una gran proporción de la población. Casi todo el mundo trata de ponerse en forma en algún momento de su vida. Todavía es un tema muy específico que interesará a un tipo de persona muy específico, pero es un nicho mucho más amplio.

Cuando se trata de negocios en Internet, la clave a menudo se reduce a encontrar el nicho correcto. Y esto con frecuencia significará encontrar un nicho que tenga un atractivo amplio y que no sea demasiado competitivo. El problema con el nicho de salud y entrenamiento físico es que va a enfrentarse a una gran cantidad de otros canales.

Muchos de estos canales han existido durante muchos años y ahora tienen millones de suscriptores y enormes cantidades de dinero para gastar en marketing. Eso significa que, si quiere enfrentarse a ellos con un video sobre "cómo conseguir unos abdominales bien definidos", es probable que tenga dificultades para que su video llegue a una posición en la que realmente se pueda ver y lograr alcanzar un gran número de clics.

Pero, por otro lado, un canal de YouTube sobre patrones de crochet probablemente no se busque muy a menudo y llegará rápidamente a su punto máximo, dejándole sin un lugar adonde ir y una gran capitalización de cuánto puede ganar.

Por lo tanto, debe elegir el tema correcto y encontrar ese "punto dulce".

COMO ENCONTRAR SU NICHO

Entonces, ¿cómo encontrar su nicho? Una buena opción es comenzar con los nichos más grandes y luego buscar y concentrarse en un subnicho más pequeño dentro del nicho principal.

De este modo, para empezar, veamos cuáles son los nichos más grandes y cuáles son los más lucrativos. En general, en el marketing en Internet, los nichos más grandes son los que tienen relación con:

Capacidad

Citas

Esfuerzo personal

Ganar dinero

Esto se debe a que todos estos temas son cosas que tienen un atractivo muy amplio y que atraerán a prácticamente todo tipo de gente. Si tiene el presupuesto de marketing, puede llegar a la mayor audiencia potencial de esta manera.

Sin embargo, al mismo tiempo, estos nichos son enormes porque tienen otra cosa a su favor una "propuesta de valor". Es decir, que cada uno de ellos tiene algo muy grande e importante que ofrecer a las personas: un gancho emocional que hace que las personas se apasionen por un canal.

De esta forma, por ejemplo, un buen estado físico no significa solo ponerse en forma o lograr marcar un determinado grupo de músculos: se trata de ser más confiado, más sexy, más saludable y más feliz gracias al entrenamiento y a la buena dieta que está ofreciendo. La gente espera que, viendo estos canales, puedan cambiar sus vidas para mejor.

Lo mismo ocurre con el dinero y las citas. Éstos prometen cambios completos en el estilo de vida de una persona: ofrecen a las personas encontrar el amor o tener más relaciones sexuales, viajar por todo el mundo o llevar relojes bonitos.

Todos estos temas tienen un verdadero gancho emocional y esto significa que los productos vendidos en su publicidad pueden cobrar mucho más. ¡La gente está mucho más dispuesta a pagar por un libro que les hará ganar mil millones de dólares que a pagar por un libro que les puede enseñar a coser!

Pero YouTube es un lugar extraño. Y cuando eche un vistazo a YouTube, encontrará que estas reglas regulares solo se cumplen en parte y que también hay un montón de otro contenido altamente exitoso aquí que es simplemente atípico. Bueno, en realidad estúpido si hemos de ser lo bastante franco.

Algunos de los temas más importantes en YouTube fuera de estos grandes favoritos de marketing en Internet son:

Juegos de azar

Tutoriales de maquillaje

Aseo / Estilo

Viajar

Tecnología

Gatos

Bricolaje

Humor

Blogs de estilo de vida

¡Esta es una selección de nichos de lo más extraña y si mira a su alrededor encontrará subculturas prósperas que celebran y publican todo tipo de cosas inusuales! Hay algunos canales de YouTube muy populares, por ejemplo, que muestran a las personas cómo manejar nuevos juguetes Transformer.

Lo que hay que entender sobre YouTube es que es mucho más visual que un blog o un canal de medios sociales. Y esto significa que cualquier tema que sea más visual y dinámico será casi seguro un éxito. Los videos de gatos brindan risas inmediatas, mientras que los tutoriales de maquillaje muestran a cómo lucir mejor y muestran la prueba de que funciona en la pantalla.

Y a la gente le gusta ver cosas extrañas como vlogs sobre la vida cotidiana de las estrellas de YouTube porque, créanlo o no, casi se siente como compañía. Las personas disfrutan viendo los canales de YouTube de personas que son como los mejores amigos con los que les encantaría pasar el rato. YouTube es un formato tan directo y personal que es una excelente manera de crear casi una relación con su público y, por lo tanto, tener un gran impacto en ellos.

Esto funciona incluso mejor si puede vender un tipo de estilo de vida que resulte deseable y, por lo tanto, les permita vivir indirectamente. Mucha gente ve el estilo de vida de las personas ricas y atractivas porque quieren vivir ese tipo de estilos de vida por sí mismas. Por supuesto, mucho de lo que se muestra en pantalla está fabricado en realidad.

Por otro lado, jugar un videojuego y ofrecer un 'comentario' puede ser una forma de recrear la sensación de estar con amigos mientras juegan y al mismo tiempo obtener noticias y grabaciones. de nuevos juegos que le pueden interesar

Entonces, ¿cómo juntar todos estos elementos dispares en algo que realmente funcione para usted? Esa es una pregunta que en realidad solo usted puede responder, pero una buena manera de comenzar es tomar un nicho amplio que tenga un gran atractivo y luego centrarse en un nicho más pequeño.

Por ejemplo, puede empezar con el ejercicio físico, pero encontrar su propio camino en esa industria haciendo que su canal sea sobre el estado físico para las personas mayores de 50 años, por ejemplo. Esta es una manera brillante de ofrecer algo diferente y un poco único y, por lo tanto, sobresalir de la multitud sin dejar de tener esa propuesta de valor y ese atractivo universal.

Otro aspecto a recordar siempre es ser fiel a uno mismo. Elija el nicho con el que se sienta más cómodo y luego descubrirá que tiene mucho más que decir al respecto, se mostrará mucho más apasionado e interesado en su propio tema y podrá inspirar mejor a su audiencia para que le escuchen.

CÓMO HACER DINERO EN YOUTUBE

Antes de sumergirse en la creación de contenido de pleno retrocedamos un segundo y analicemos exactamente qué implicará esto y qué significa ser un YouTuber. ¿Cómo hace uno para ganar dinero en YouTube? ¿Cuánto puede esperar ganar?

Es importante que entienda el modelo de negocio aquí, ya que esto, por supuesto, afectará la forma en que abordará la creación de contenido y su enfoque general para ganar dinero en línea.

Publicidad en YouTube

La principal forma de ganar dinero en YouTube es a través de la publicidad. Google tiene su propia plataforma publicitaria y la utiliza para permitir a las empresas y marcas pagar para mostrar sus anuncios en su canal. Esta es una forma de AdSense para aquellos que saben lo que es eso, lo que significa que es PPC (pago por clic). En términos sencillos, esto significa que la publicidad utiliza un sistema de 'Pago por clic', aunque también puede recibir pagos cuando obtiene un cierto número de visitas completas.

En otras palabras, no se le paga una "tarifa plana" por su publicidad o por mes. Más bien, le pagan cada vez que se muestra el anuncio y cada vez que alguien hace clic en él. Por supuesto, no todos los que acuden a su canal van a ver los anuncios o van a hacer clic en ellos, pero, en general, puede suponer que obtendrá una cierta cantidad (lo que se denomina su 'CTR' o 'Click Through Rate'). Esto significa que, por cada mil visitas en un video, es probable que le paguen una cierta cantidad de promedio.

Ahora bien, esto no es mucho y para ser sincero, es probable que necesite cientos de miles de visitas diarias para ganar una cantidad decente de dinero. Algo necesario si quiere vivir a tiempo completo de YouTube. Pero se puede hacer y puede llegar allí, si está dispuesto a no solo trabajar duro... ¡sino también a trabajar con inteligencia!

Otras formas de monetizar YouTube

Sin embargo, la publicidad es solo una opción y en realidad hay muchas más formas de monetizar YouTube si lo desea.

Un gran ejemplo es simplemente promocionar un producto propio y venderlo. Si puede crear un libro electrónico, una línea de ropa o cualquier otra cosa, entonces puede promocionar eso utilizando su canal e impulsar las ventas, y esto funcionará muy bien si puede centrarse en esa propuesta de valor y promover el estilo de vida como hemos discutido anteriormente.

¿No tiene un producto? No hay problema. También puede promocionar los productos que otros creadores han diseñado y ganar una comisión por las ventas. Esto se conoce como marketing de afiliación y se combina particularmente bien con YouTube, ya que puede ser muy persuasivo cuando la gente realmente puede verlo hablar sobre el producto en persona. ¡E incluso puede mostrarlo directamente en la pantalla!

Y, por último, puede intentar conseguir ofertas de patrocinio. Esto funciona muy bien si se encuentra en un medio visual como el estado físico, donde es común obtener patrocinio de fabricantes de ropa, productores de suplementos e incluso empresas que fabrican equipos de entrenamiento. Luego, puede mostrar los productos que está promocionando en sus videos y así obtener mucha exposición para ellos. A menudo, estas compañías pagarán por video, mientras que en otros casos podrían pagar una tarifa mensual, todo depende del acuerdo firmado con ellos.

Tenga en cuenta estos factores y el tipo de estrategia de monetización que pretende utilizar al momento de crear su idea de canal. Diferentes temas harán que sea más fácil o más difícil encontrar patrocinadores y, en general, un poco de planificación previa puede recorrer un largo camino por usted.

EQUIPO EN EL QUE DEBE INVERTIR

La mejor manera de ganar dinero en YouTube y convertirse en una "celebridad masiva de YouTube" es sin duda ponerse frente a la cámara y hablar con su audiencia en persona. Quiere que le conozcan y quiere mostrar su personalidad en sus videos. Esto ayudará a hacerle considerablemente más persuasivo y, al mismo tiempo, le ofrecerá muchas más opciones en cuanto a lo que puede crear.

Y si va a hacer eso, entonces hay algunos equipos y software cruciales en los que tendrá que invertir. Esto puede ser algo costoso, pero si todo va según lo planeado, se pagará solo con el tiempo y será un dinero bien gastado.

Nota: Si no se siente cómodo frente a la cámara, aún puede tener mucho éxito con un canal de YouTube y esto reducirá lo que necesita invertir. Discutiremos estas opciones alternativas en los capítulos siguientes, por lo que puede omitir la mayor parte de este por ahora si esa es su intención.

Hardware

Por supuesto, el hardware más básico que necesitará es una cámara. Esto es lo que usará para capturar sus imágenes y eso significa que la calidad de la cámara influirá directamente en la calidad de sus videos.

Hay numerosos factores a considerar en este caso. Una es la resolución y aquí necesitará al menos 1080p. Por ahora, la mayoría de las personas aún no tienen una pantalla 4K, lo que significa que no necesita una cámara 4K (y 4K crea archivos de video muy grandes que son difíciles de mover y editar), pero si desea ofrecer la máxima nitidez y también a prueba de instalación, desde luego elegir 4K es una gran opción.

Otro factor es su framerate. Esto generalmente será de 30 fps o 60 fps y, una vez más, 60fps es una ventaja opcional que hará que su filmación sea mucho más atractiva y le dé una sensación de fluidez casi demasiado real. Depende totalmente de usted si desea invertir para lograr este nivel de calidad más alto, pero algunos espectadores más exigentes lo apreciarán si lo hace.

Algunas características a tener en cuenta incluyen un zoom óptico si planea filmar en el exterior (esto le permite ampliar sin perder calidad) y opciones para alterar la apertura, etc. Un buen enfoque automático es muy importante si se va a mover mucho delante de la cámara, mientras que poder usar macros para poner el fondo azul también es una buena opción.

Pero lo que es más importante son las consideraciones prácticas para su cámara. Tener una toma de micrófono, por ejemplo, es una muy buena idea porque le dará la capacidad de mejorar la calidad de sonido.

Del mismo modo, una lente de gran angular es una muy buena idea si va a moverse mucho y capturar imágenes dinámicas. Algo que absolutamente debe considerar un requisito es una pantalla que se puede girar para mirar hacia adelante. ¡Esto le permitirá asegurarse de que está en la toma antes de comenzar vlogging!

Y, por supuesto, no hay razón para que pueda hacer todo esto con varias cámaras. Mucha gente utilizará tanto una GoPro para capturar imágenes más dinámicas y llenas de acción como una cámara normal para su vlogging.

Si desea hacerlo con un presupuesto bajo, puede utilizar una cámara iPhone o Samsung de su teléfono (siempre que sea un modelo nuevo). Pero si habla en serio, como mínimo debería invertir en una cámara básica.

Trípode y seguimiento

También es importante conseguir un trípode. ¿Es posible filmar sin uno? Claro, siempre puede balancear su cámara en una pila de libros, sobre una tabla de planchar o unas cajas, pero descubrirá que alinear buenas tomas termina demorando mucho más tiempo del que estará dispuesto a realizar regularmente si toma este enfoque.

Por lo tanto, un trípode le ahorrará una gran cantidad de tiempo y, al mismo tiempo, obtendrá mejores ángulos, por lo que le dará a su canal una mayor cantidad y calidad de video, lo que obviamente será muy bueno en términos de obtener muchas vistas.

Otra cosa para buscar potencialmente aquí es un cabezal de rastreo de personas como Manfrotto que también hacen trípodes. Esto le permitirá colocar su cámara encima de su trípode y luego le permitirá realizar tomas de panoramización y acercamientos lentos. Esto es lo que le dará a su video un nivel de profesionalidad mucho más alto y es muy importante si está planeando hacer revisiones de productos y quiere mostrar panorámicas lentas de los artículos que está revisando.

Estos funcionan proporcionando fricción en un pivote giratorio y un asa. Luego presiona suavemente el mango con solo un dedo o una palma y la resistencia mantendrá el movimiento lento y suave a medida que se mueve gradualmente alrededor del objeto enfocado. Es importante utilizar un enfoque manual durante estas tomas en lugar de uno automático.

Iluminación

Se suele decir que la mejor iluminación es la iluminación natural. Para obtener una gran iluminación, intente alinear para tener una ventana grande que permita la entrada de luz natural desde el lateral. Esto le dará a usted lo que se conoce como 'Iluminación Rembrandt', que es un tipo de iluminación profesional y muy favorecedora.

Pero si bien este tipo de iluminación es altamente deseable, ¡tampoco es muy confiable! No puede confiar en que la luz natural esté siempre disponible cuando la necesite y no puede limitarse a filmar solo a ciertas horas del día o en los días donde el clima lo permita... Por lo tanto, debe asegurarse de tener una manera de configurar la iluminación perfecta cuando lo necesita.

¿Cómo va a hacer eso? Con algún tipo de configuración de iluminación. Una gran opción es conseguir dos cajas blandas. Estas ocupan un poco de espacio, pero vale la pena, ya que le permitirá diseñar su iluminación como desee y asegurarse de que su tema esté bien iluminado y que las imágenes sean claras y brillantes.

No subestime esto: de hecho, en muchos casos, puede ser más importante asegurarse de que sus imágenes sean muy claras y muy brillantes que utilizar una cámara con una alta definición. ¡Esto hará que su filmación se vea más profesional y más atractiva para ver!

¿Quiere ir un paso más allá? Dependiendo de la naturaleza de sus videos puede ser creativo aquí si lo desea. Un truco que puede usar para lograr esto es utilizar luces de colores. Lo mejor es que las bombillas de colores son realmente muy asequibles, por lo que esto es algo que puede probar fácilmente si lo desea.

Sonido

Al igual que es importante no subestimar la importancia de su iluminación, también debe asegurarse de no subestimar la importancia de su calidad de sonido.

Si quiere que su video suene y se vea profesional, entonces es absolutamente crucial que tenga un sonido de buena calidad y no solo grabar un sonido sordo en un micrófono de cámara normal desde la distancia. Aspectos como la acústica son importantes e incluso si los espectadores no notan la diferencia, podrán sentir la diferencia. Cosas como esta hacen un impacto psicológico masivo y pueden ser la diferencia entre un canal que tiene valores de alta producción y que a la gente le encanta mirar y uno que parece poco profesional y ¡nadie se toma en serio!

Afortunadamente, el sonido es algo relativamente fácil de corregir y la mejor manera de hacerlo es con un micrófono externo básico. Puede obtener un micrófono de solapa fácilmente y luego conectarlo a su teléfono para grabar su audio al mismo tiempo.

Mejor aún, encuentre un micrófono de alta calidad que pueda enchufar directamente en el conector de micrófono de su cámara. El micrófono Blue Yeti Snowball es una de las opciones más populares entre los YouTubers en este momento y es una opción muy asequible que proporcionará una calidad de sonido nítida y clara muy fácilmente.

Software y Materiales

Software de edición

Además del hardware, también deberá invertir en algún software básico. Lo más obvio aquí es su software de edición, que usará para tomar sus imágenes y convertirlas en algo que tenga una estructura narrativa y que sea realmente divertido de ver.

Hay muchas opciones aquí, que incluyen Sony Vegas, Final Cut Pro X, iMovie y Adobe Premiere con After Effects. Su elección dependerá de las preferencias personales, el presupuesto y su computadora, pero de cualquier manera necesitará una suite de edición profesional para que sus videos luzcan la pieza. Esto es lo que usará para cortar y unir sus imágenes y lo que usará para agregar cosas como música y logotipos.

Gráficos

Hay numerosos gráficos que también querrá agregar a sus videos. Por ejemplo, es probable que necesite algún tipo de logotipo para superponer sobre sus videos si desea crear una marca. Esto es importante ya que ayudará a asegurar que la gente sepa quién es, que todos sus videos y contenido son del mismo creador. Un buen logotipo debe ir acompañado de un buen nombre e, idealmente, los dos juntos deberían ser suficientes para comunicar todo lo que los nuevos espectadores necesitan saber sobre su marca.

Otros gráficos también serán útiles. Por ejemplo, es posible que desee utilizar "tercios inferiores", que se superpondrán en la parte inferior de su video como una forma de anotar lo que está sucediendo en la pantalla. De esta forma es posible que pueda encontrar algunas imágenes de archivo que puede usar para ilustrar los puntos que está haciendo o que puede usar junto con su material grabado.

Video o sonido

Además de esto, también deberá ver el video y el sonido de sus videos. Una cosa importante aquí es un "abridor de video", que es un clip corto que se reproducirá al inicio de sus videos y le ayudará a consolidar aún más su marca al tiempo que indica que el video ha comenzado.

La música también puede ser muy útil y le permitirá hacer sus videos mucho más atractivos al mismo tiempo que podrá invitar a respuestas emocionales.

Entonces, ¿dónde encuentra todos estos materiales adicionales? Puede crearlos usted mismo u otra posibilidad es pagar por la creación de sus materiales en un sitio como Fiverr o UpWork. Estos sitios le permitirán encontrar profesionales independientes que puedan crear estos materiales para usted y hacer que se vean muy profesionales. Una vez más, es una pequeña inversión, pero vale la pena.

SU FLUJO DE TRABAJO - CREANDO Y SUBIENDO VIDEOS

Una vez que tenga su equipo al completo ya está listo para comenzar a crear sus videos y subirlos a YouTube.

Entonces, ¿cómo es el día promedio para un YouTuber? ¿Cómo gestionarlo de principio a fin y ahorrarse el mayor tiempo posible?

Bueno, todos trabajan de manera diferente, pero ciertamente vale la pena crear un flujo de trabajo para minimizar la cantidad de tiempo y esfuerzo que se requerirá para hacer sus videos. Es muy importante que su contenido se cargue regularmente para evitar perder suscriptores y, con eso en mente, deberá poder confiar en un proceso simple para seguir haciendo más videos.

Preparación

Para empezar, debe tratar de mantener un área de su casa o estudio lista para filmar en todo momento. Designe un rincón de una oficina o en otro lugar para grabar sus videos y de esa manera no tendrá que sacar todo y configurarlo cada vez que quiera filmar: estará allí listo para que pueda empezar de inmediato.

Esto también significa que puede crear un "conjunto" para usted con un telón de fondo. Esto es muy importante porque una vez más mejorará enormemente su imagen de profesional. No grabaría imágenes de usted mismo hablando frente a una habitación desordenada con ropa esparcida por todas partes ¿verdad? Tampoco desearía grabar en una oficina desordenada o en cualquier otra parte de la casa que tenga un aspecto desagradable. Antes bien, su objetivo es hacer un conjunto de aspecto profesional donde pueda filmar que se vea competitivo y que le ayude a reforzar el estilo de vida o producto que está tratando de promover.

Esto podría significar preparar un área en su hogar para reflejar lo que está tratando de decir sobre usted. Podría ser un escritorio muy limpio y de aspecto moderno, por ejemplo, o podría ser un montón de cómics y productos de películas. Otra opción es usar un fondo completamente blanco (que se puede lograr con su equipo de iluminación y una pared blanca, o incluso con una sábana estirada) o imprimir un lienzo o póster grande que pueda usar como fondo.

Independientemente de lo que finalmente decida, solo asegúrese de tener todo justo donde lo necesita, saber dónde colocarse y contar con un guion de apoyo que le ayude a organizar sus ideas.

Actuando

Un buen consejo es tener memorizado el guion antes de comenzar. Esto generalmente ayuda a estar bastante relajado en la forma en que sabe lo que va a decir y cuando lo va a hacer. Evite leerlo, ya que esto deslucirá su presentación y hará que su mirada se desvíe de la pantalla dando mala imagen.

Otro consejo es dividir el guion en varias páginas más pequeñas. De esta manera, puede echar un vistazo a la siguiente sección, realizarla y luego pasar a la siguiente parte.

Si tiene una tarjeta de almacenamiento lo suficientemente grande, puede grabar todo en una sola toma y luego editarla en un video que la gente quiera ver. Pero para hacer esto, también debe asegurarse de hacerlo lo más fácil posible para usted. Puede hacerlo moviéndose ligeramente cada vez que pase a la siguiente página. Esto no solo lo ayudará a ver cuándo se obtuvo la toma correcta al mirar las imágenes en el editor (sabrá que la toma justo antes de moverse fue la correcta), sino que también brindará un video mucho más dinámico. ya que se moverá de posición en la cámara mientras habla. Esto también facilita la edición en cortes, ya que cuando corta, debe mantener su posición exactamente igual o hacerla muy diferente (no puede simplemente moverse ligeramente, ya que se verá como una contracción torpe). Otro consejo es aplaudir al comienzo de cada nueva toma de una sección. ¿Por qué? Porque eso hará que sea más fácil para usted ver el pico de audio en el editor.

Una más: cuando grabe sus imágenes, siempre deje espacios largos antes y después de cada toma y, por lo general, grabe mucho más de lo que cree que va a necesitar. Esto le dará más para trabajar en la edición.

También debe configurar su micrófono por separado. Si está utilizando un micrófono de solapa, solo necesita enchufar su teléfono y guardarlo en un bolsillo mientras realiza sus grabaciones. Puede hacer todo esto en una sola toma también.

Recopilación de material extra

Ahora, dependiendo de la naturaleza de su video, es posible que necesite grabar algunas imágenes adicionales que puede usar como inserciones. Un video largo de alguien que habla no suele ser muy atractivo, por lo que querrá cambiarlo a menudo con clips de otro video o con imágenes.

Una forma de hacerlo es mediante la recopilación de 'B-Roll'. El B-Roll son tomas que ilustran aquello de lo que está hablando. No incluye sonidos sino imágenes, clips o gráficos relacionados con el tema en cuestión. El B-Roll debe estar relacionado directamente con aquello que estamos diciendo ya que, si no lo hacemos así quedará extraño.

Un ejemplo de esto es insertar imágenes, del producto que está en revisión, de su ubicación o de cualquier otra cosa que esté relacionada con su tema. La forma en que usará esto es hacer que su audio se ejecute continuamente en segundo plano y luego cambiar las imágenes de usted hablando por imágenes de sus productos o el medio ambiente.

Recolectar B-Roll es una habilidad definitiva e involucrará el uso del cabezal de seguimiento y el trípode como se explicó anteriormente. Intente ver videos de tecnología como Android Authority, Techno Buffalo, The Verge, etc. y encontrará que siempre incluyen tomas de teléfonos y computadoras junto a bolígrafos y papel, o agua corriente, o en medio de césped y plantas. En cualquier caso, el entorno ayuda a mostrar la belleza del diseño y la ingeniería y hace que la toma sea más interesante que una simple toma de un teléfono en las manos de alguien.

Esto muestra ese "estilo de vida" de nuevo y hace que todo se vea más atractivo y deseable.

Una vez más, siempre grabe más de lo que cree que va a necesitar. Se sorprenderá de lo rápido que puede quedarse sin B-Roll mientras habla, ¡así que obtenga la mayor cantidad de tomas que pueda imaginar!

También puede utilizar otros tipos de imágenes de inserción. Por ejemplo, es posible que desee utilizar imágenes de usted mismo mientras habla sobre la forma física o puede utilizar clips de otros videos de YouTube (¡por supuesto, tenga mucho cuidado con los derechos de autor!).

También hay otras formas de recopilar imágenes divertidas. ¿Qué hay de usar un lapso de tiempo, por ejemplo? Timelapse Pro es una aplicación para Android, iOS y Windows que es perfecta para crear timelapses de todo tipo de cosas.

Edición

Una vez hecho todo, está listo para editar su video. Ábralo en el software de edición de video que eligió e impórtelo junto con todos los gráficos adicionales, el sonido y otros materiales que pretende utilizar. Ahora debe sincronizar su audio a su video y la mayoría de los programas le ofrecen formas fáciles de hacerlo. En Adobe Premiere, por ejemplo, es una simple cuestión de hacer clic en botón derecho y luego seleccionar "sincronizar por pista de audio". Ahora el audio estará sincronizado y usted puede silenciar el video para que sea reemplazado por el audio de alta calidad que grabó por separado. Ahora simplemente vincule el audio y las imágenes para que cualquier edición que realice afecte a ambos, como si se hubieran grabado al mismo tiempo desde el principio.

Querrá alinear todo esto para que tenga su material de archivo todo en orden y para que no haya pausas incómodas. Es importante mantener las cosas en movimiento y mantenerlas dinámicas en todo momento. Si usa mucho B-

Roll, debe asegurarse de pasar de una toma panorámica a otra, nunca debe estar inmóvil o perderá el enfoque. Así que asegúrese de grabar una gran cantidad de material de archivo para tener mucho con qué trabajar.

Una vez que todo esté en orden y el sonido esté alineado, entonces puede comenzar a insertar su material de archivo adicional y colocarlo sobre la parte superior, entremezclarlo. Normalmente, mantendrá el audio continuo y solo recortará su video mientras lo hace. Si ve los videos de Android Authority antes mencionados, notará que tienden a no hablar mucho, tienen un clip al principio y al final y quizás uno o dos en el medio y el resto es todo B-Roll.

Finalmente, intente agregar el abridor de video, cualquier tercio inferior, su logotipo y su música. Asegúrese de obtener el balance de audio correcto con la música y considere incluir una pequeña introducción antes del abridor. Estos toques finales le darán a su video un verdadero aire de profesionalidad y, al mismo tiempo, le ayudarán a mejorar su marca.

Subiendo y finalizando

Ahora solo necesita guardar su video en un formato que le guste a YouTube (como .mp4) y luego comenzar a cargarlo en su cuenta de YouTube. Todo esto puede llevar bastante tiempo, así que asegúrese de tener tiempo a menos que tenga una conexión muy rápida. ¡Esto será aún más cierto si está utilizando imágenes 4K!

Un consejo es usar Chrome para subir. Google hizo Chrome y son propietarios de YouTube, por lo que los dos juegan muy bien juntos. Si se interrumpe su carga y está usando Chrome, entonces podrá reanudarlo desde donde lo dejó más tarde, incluso si la computadora se apagó.

Mientras se carga su video, puede usar el tiempo para completar algunos de los detalles adicionales que YouTube requiere de usted.

YouTube le preguntará si desea obtener beneficios económicos de su video con anuncios, por supuesto, y la respuesta es sí, siempre y cuando no esté vendiendo abiertamente nada en él.

Asimismo, podrá escribir su título, su descripción y sus palabras clave. Asegúrese de que su título sea descriptivo de su video, y que sea algo que la gente querrá buscar y algo que hará que la gente tenga la tentación de hacer clic cuando lo vea. Vamos a entrar en esto con más detalle en un capítulo posterior.

Finalmente, haga una miniatura para que actúe como la imagen que las personas verán antes de hacer clic en su video. Si no hace esto, YouTube seleccionará una imagen fija del video y, si bien esto puede funcionar, a menudo se verá un poco desenfocada. La imagen en miniatura de la derecha puede hacer una gran diferencia al hacer que su video tenga un aspecto mucho más atractivo e impresionante cuando aparece en la fuente.

CÓMO HACER VIDEOS SIN ESTAR DELANTE DE LA CÁMARA

¿Quiere ser una gran sensación de YouTube o simplemente ganar dinero en la plataforma, pero no le gusta cómo suena eso de estar frente a la cámara? Esto puede parecer un problema insuperable, pero la buena noticia es que hay muchas maneras de solucionar este problema y crear imágenes para YouTube sin necesidad de filmarse. Aquí hay solo una selección de diferentes opciones para usted que funcionan muy bien.

Vamos a jugar al juego

Una opción fácil es grabar secuencias de juego en sus juegos favoritos. ¡Esto es algo que es muy popular en YouTube y, por supuesto, no necesita estar delante de la cámara para eso! Puede elegir incluir comentarios o incluso subir videos sin comentarios, ambos son muy populares y ambos son muy fáciles de crear.

La mejor parte es que hay muchos juegos populares por ahí, muchos de los cuales no tienen mucho contenido creado para ellos. Elija el juego correcto y podrá encontrar su base de fans, exponiendo rápidamente su canal a una gran audiencia.

Presentaciones de diapositivas y animaciones de pizarra

Echa un vistazo a 'ASAP Science' si quiere un ejemplo de un gran canal que no incluye imágenes de los creadores. Este canal utiliza una animación dibujada en una pizarra y una voz en off para explicar una serie de conceptos científicos interesantes. Es un gran canal que tiene muchos suscriptores y es algo que puede hacer usted mismo fácilmente con el software adecuado.

VideoScribe es un ejemplo de software para crear animaciones de pizarra automáticamente.

Imágenes fijas y diapositivas

Otra gran opción es hacer sus videos usando imágenes fijas y presentaciones de diapositivas. No hay ninguna razón por la que necesite imágenes animadas reales en sus videos y si elige las imágenes correctas, simplemente puede grabar una voz en off, ¡y eso resultará muy bien! Esencialmente, esto se convierte en un podcast mucho más que en un video real, pero funciona muy bien y varios creadores han logrado ser muy exitosos con esta estrategia.

Uno de los mejores ejemplos es el increíble Mr. Sunday Movies. Este creador hace videos divertidos sobre películas de cultura pop. Si bien nunca está delante de la cámara, es muy conocido gracias a sus divertidos comentarios y subidas regulares. Las entrevistas también funcionan muy bien en este formato.

Top Tens

Se puede crear un video de las diez mejores aplicaciones, el video de las diez mejores escenas de pelea de películas o cualquier otro de los diez primeros combinando secuencias que haya adquirido sin que haya necesariamente ninguna razón para que usted las narre. Puede usar títulos, tarjetas de títulos o simplemente dejar los videos hablar por sí mismos.

Ediciones y Mashups

Esto nos lleva a la opción de crear supercortes, ediciones y mashups. Solo eche un vistazo a la popularidad de Cassette Boy, que hace videos que reúnen imágenes de personas famosas que los hacen decir cosas graciosas. Luego están los increíblemente populares 'Cinema Sins' que combinan errores en películas de gran éxito y luego señalan los errores que cometieron al editar, etc.

Otro gran ejemplo es "La gente es increíble". Estos son simplemente montajes de personas haciendo increíbles acrobacias. Siempre que se asegure de que está bien y que puede usar las imágenes que elija, no hay ninguna razón por la que no pueda hacer montajes similares.

Tutoriales

Los tutoriales técnicos en particular son muy fáciles de hacer sin necesidad de posar delante de la cámara. Esto se debe a que puede hacerlos simplemente usando el software de captura de pantalla en su computadora. Hay muchos tutoriales de alta tecnología que funcionan así, incluidos tutoriales para programación, para usar cierto software o para resolver problemas informáticos.

Trucos y Funnies

Los videos de gatos son muy populares y si tiene un gato dispuesto, entonces no hay razón para que pueda crear algunos videos divertidos usted mismo. Del mismo modo, no hay nada que le impida hacer videos divertidos de perros u otros animales, crear estructuras elaboradas y derribarlas, o usar objetos, animales y el medio ambiente como temas de sus videos.

Un canal de YouTube muy popular es el "SlowMo Guys". Estos chicos compraron una cámara de súper alta velocidad mucho antes de que fueran comunes y la usaron para filmar todo tipo de cosas en cámara lenta. Por ejemplo, pueden filmar una bala atravesando una sandía, un globo de agua, un fuego artificial o alguien que recibe un puñetazo.

CONSEJOS PARA LOGRAR VIDEOS INCREIBLES

Llegados a este punto a buen seguro que tiene una mejor idea sobre los tipos de video que va a crear y sabe cuál es el flujo de trabajo y como será. La siguiente pregunta es ¿qué hace un gran video?

Hay varias respuestas a esta pregunta y, en realidad, lo que hace un gran video de YouTube no es necesariamente lo mismo que lo que hace un buen video en general. Pero ciertamente hay algunas cosas que ayudarán a hacer que su video sea más exitoso y más popular en YouTube, así que tenga estos consejos en su mente para llevar su creación de video al siguiente nivel.

Que sea breve

Estadísticamente, los videos en YouTube que son más cortos tienden a mejorar. Y, de hecho, esto también le ayudará, ya que significa que puede subir varios videos a la semana en lugar de solo uno. ¿Cuánto tiempo es óptimo? En general, la recomendación oficial es que sus videos estén entre los 3 y 3:30 minutos. Sin embargo, cualquier cosa por debajo de 10 minutos generalmente estará bien.

Sin embargo, existe la posibilidad de que tenga problemas con esto. Después de todo, muchas personas descubrirán que desean incluir mucha información adicional y hacer que sus videos sean lo más informativos posible, y, por supuesto, ¡este es un objetivo muy admirable!

Entonces, la respuesta no es hacer que sus videos sean menos informativos o menos detallados, sino centrarse en desglosarlos. Si tiene un video que cubre cada uno de los últimos aspectos del entrenamiento cerebral, intente hacer 3 videos, cada uno abordando un aspecto diferente y específico de su tema.

Llegar al punto

Otra forma de hacer sus videos más cortos y más impactantes es cortar lo innecesario. Las personas hacen clic en los videos porque quieren respuestas a una pregunta o porque quieren entretenimiento.

Por lo tanto, su objetivo debería ser intentar proporcionarles esas cosas lo más rápido posible y no llenar sus videos con conversaciones largas e innecesarias. En vez de eso, simplemente vaya directo al punto, de inmediato.

Deje que su personalidad llegue

Lo peor que puede hacer es filmar un video que le haga parecer una persona completamente insípida y poco interesante, pero desafortunadamente esto sucede mucho. ¡Y no es porque la gente que hace esos videos sea insípida o poco interesante! Más bien, vale la pena señalar que la cámara agotará la energía y si está siendo poco carismático, eso no será suficiente.

Sea grande, ruidoso y entusiasta, casi como si estuviera actuando de acuerdo con lo que está diciendo y descubrirá que en realidad aparece mucho menos exagerado cuando lo mira de nuevo. Lo que debe tener en mente es que debe aumentar sus niveles de energía para transmitir al máximo la sensación que quiere proyectar.

Mientras tanto, muestre su sentido del humor, muestre su personalidad y sus preferencias y trate de no solo leer su guion como si lo estuviera recordando para darle la lección a su profesor como cuando estudiaba en el colegio. Se necesita práctica, pero no se preocupe, vendrá con el tiempo y la mejor manera de aprender es solo practicar.

Destaque y sea diferente

También es muy importante destacar y ser diferente. Trate de ofrecer algo en su nicho que no se ofrezca actualmente, en lugar de simplemente hacer una repetición de lo que ya existe.

En otras palabras, si está haciendo un canal de preparación física, intente mantenerse alejado de los videos de 'Como lograr marcar sus abdominales'. Estos se hacen a menudo y ya hay demasiados por ahí para que realmente ofrezca algo nuevo. ¿Qué tal plantear una pregunta que nadie más ha respondido? ¿O tal vez abordar un tema de una manera nueva?

Podría crear un régimen de entrenamiento que esté inspirado en las películas, podría usar un elemento inusual para entrenar o pautas para entrenar bajo la lluvia. De cualquier manera, estará creando algo que es único y diferente, y eso significa que cuando las personas se desplacen por su página principal de YouTube, será más probable que se detengan cuando acudan a su oferta y ¡quizás lo prueben!

Mantenga alta la energía

Ya hablamos de esto un poco, pero intente asegurarse de que su video tenga mucha energía y dinamismo. En otras palabras, evite las pausas largas en su discurso, evite tomas estáticas largas y generalmente mantenga el movimiento hacia arriba. ¡Esto es lo que hará que sus videos sean atractivos y lo que mantendrá a la gente mirando!

CÓMO AYUDAR A LA GENTE A ENCONTRAR SUS VIDEOS

Con todo lo dicho, ahora debe tener una buena idea de cómo poner en marcha su canal y seguir agregando contenido nuevo y emocionante al mismo.

Pero al principio, va a encontrar que este es un proceso sin recompensa alguna. Subirá su primer video después de haber pasado mucho tiempo trabajando en él para hacerlo de la manera correcta y de repente ve que las visitas no llegan. Si tiene suerte, su primer video podría mostrarle 100 visitas y probablemente le llevará meses llegar a ese punto.

Aunque lo más probable es que tenga 3 vistas. Y una será su madre.

Y lo peor de todo será pensar que luego tiene que hacer otro video y otro, y sentirá que está perdiendo todo ese tiempo y esfuerzo.

Lo primero que hay que hacer entonces es reconocer que esto no es un desperdicio. Para empezar, está creando una audiencia de esta manera, pero al mismo tiempo vale la pena señalar que podrá reutilizar sus imágenes antiguas. No hay razón para que no pueda promocionar esos videos viejos una vez que tenga una audiencia mucho más grande, ¡así que no se preocupe si nadie los ve de inmediato!

Una vez que comprenda que todo proceso lleva un tiempo y conseguir una audiencia es uno de ellos, será el momento de comenzar a buscar formas de ayudar a las personas a encontrar sus videos y comenzar a generar impulso para su canal.

Hay algunas cosas diferentes que puede hacer aquí que le ayudarán a conseguir su objetivo. Echemos un vistazo a cuáles son:

Elija un tema popular

Esto puede parecer muy obvio, pero, por supuesto, crear contenido con un tema muy popular le ayudará a encontrar más espectadores. Y aún mejor, crear contenido que tenga una gran audiencia dedicada, o que no esté demasiado lleno, le ayudará a destacar y hacerse notar entre la multitud.

Digamos que está haciendo videos de opinión sobre juegos de ordenador. Una excelente manera de asegurarse de que se haga notar es hacer un video sobre un videojuego muy popular. Existen un gran número de ellos y si escoge un personaje popular de alguno de ellos encontrará que hay una audiencia enorme para él. ¡Si hace un video sobre alguno casi puede estar seguro de que obtendrá miles de visitas y me gusta solo de las personas que buscan nuevo contenido sobre su personaje favorito!

¿Tiene un canal de fútbol? Entonces, ¿qué tal hacer un video sobre un equipo local pequeño? No habrá mucho contenido para ese equipo, lo que significa que esos fanáticos solo tendrán su video para saciar su apetito. Una vez más, esta puede ser una buena manera de encontrar una gran audiencia y aprovecharla.

¿Tiene un canal de fitness? Intente hacer un video sobre alguna figura famosa. Una figura icónica puede hacer que casi cualquier video sobre ella esté destinado a obtener toneladas de me gusta y seguidores.

Asegúrese de que sus videos se vean y gusten

YouTube utiliza numerosas métricas diferentes para determinar si un video es popular y si debe promocionarse. Una de ellas es por cuánto tiempo se ve el video y con qué frecuencia gusta.

Por lo tanto, si sus videos se ven cada vez más y obtiene miles de me gusta, entonces su canal se verá muy popular y verá sus videos subiendo las filas de YouTube. ¡Esta es otra buena razón para hacer que su contenido sea más corto, porque significa que 3 minutos es ahora el 100% de su video en lugar del 20%! Otro consejo es darles a los espectadores una razón para quedarse: cuénteles al comienzo de su video algo emocionante que se presente al final, por ejemplo.

Utilizar palabras clave

Si intentara promocionar un sitio web, una de las formas en que lo haría sería utilizando palabras clave. Estos son términos que las personas buscan con regularidad cuando utilizan un buscador, como lo es Google, y al incluirlos en su contenido, usted puede asegurarse de que este hará la conexión.

No puede hacer esto en sus videos porque Google no puede buscar el contenido de lo que está diciendo (¡todavía!). Lo que sí está en sus manos es elegir palabras clave relevantes para agregarlas al video cuando las cargue. Estas deben ser cosas que las personas probablemente busquen, así como cosas que harán que su video aparezca en "Videos sugeridos" en el momento adecuado.

La forma de hacerlo es buscar temas populares, pero al mismo tiempo asegurarse de que las frases que elija sean relevantes. No está tratando de "engañar a la gente" para que vea sus videos. Eso es lo peor que puede hacer. Todo lo que podrá conseguir es que se marchen rápidamente y no regresen más.

Si desea encontrar buenos términos de búsqueda puede utilizar la herramienta de sugerencia de palabras clave de Google. Esto le indica qué busca la gente en Google, que podría ser diferente de lo que la gente busca en YouTube, pero, sin embargo, a menudo será similar y al menos le ayudará a hacerse una idea.

También puede usar un poco de su sentido común aquí. Cuando cree sus videos, trate de pensar en lo que las personas podrían buscar cuando investigan ese contenido. Funciona de manera muy similar a las etiquetas hash en Instagram o Twitter. Del mismo modo, también puede utilizar palabras clave en el título de su video e incluso en su descripción.

En general, es importante asegurarse de agregar mucho contenido a su descripción y escribir sobre lo que los espectadores pueden esperar ver en los videos. Esta no solo puede ser una excelente manera de ofrecer más valor adicional a sus visitantes al permitirles examinar los puntos clave, sino que también le dará a YouTube más contenido para aprender sobre sus videos.

Gestione su perfil

Tiene un perfil de YouTube y esto es algo que también puede aparecer en las búsquedas. Debe optimizar esto para YouTube SEO (Search Engine Optimization) al igual que está optimizando sus videos con las palabras clave y las descripciones.

Esto significa asegurarse de completar su página Acerca de agregando gran cantidad de contenido en su sección "Descripción". En su página de inicio, también puede hacer que su canal sea más atractivo agregando listas de reproducción para que las personas puedan encontrar rápidamente diferentes tipos de contenido de usted (de esta manera, puede separar su contenido en diferentes categorías). También puede crear un "anuncio de canal", que será un video que presenta a las personas su canal y les anima a suscribirse.

Agregue una imagen de perfil, una imagen de banner y asegúrese de vincular también a todas sus cuentas de redes sociales. Todo esto ayudará a YouTube a ver que está en el asunto en cuanto a la creación de su contenido, lo que a su vez significará que sus videos recibirán más promoción.

Elija títulos que hagan que la gente quiera hacer clic

Digamos que alguien está viendo un video en el mismo nicho que su canal y luego ven que su video aparece como un video sugerido debido a las palabras clave que usó.

Si tiene la imagen en miniatura correcta y el título de video correcto, su video será lo suficientemente atractivo como para que las personas no puedan evitar verlo.

Un buen punto es la comunicación con sus seguidores. Atender a las preguntas que le hacen dando respuestas en nuevos videos pueden incrementar sus visitas. Estas son cosas que provocan una reacción emocional de las personas.

Publique sus videos

Finalmente, no hay razón para que no pueda simplemente publicar sus videos para compartirlos. No tenga miedo de publicar sus videos en Reddit o en Google+ en las comunidades relevantes. De esta manera, puede encontrar la audiencia que disfrutará más de su contenido y obtendrá muchas vistas rápidas.

CONSEJOS PARA HACER CRECER SUS SEGUIDORES

Los consejos del último capítulo ayudarán a las personas a encontrar sus videos, pero también hay algunas estrategias de marketing básicas que puede utilizar para que su canal crezca más rápido en general.

Pida a la gente que se suscriba

Mire cualquiera de los grandes canales de YouTube y verá que terminan casi todos de la misma manera: con los creadores pidiendo a sus espectadores que les den un me gusta, compartan y se suscriban. Esta es la forma más sencilla de obtener más suscriptores y funciona muy bien: muchas personas están más que felices de hacerlo si les gusta su contenido, pero simplemente no se les ocurre o ¡no se dan cuenta de lo mucho que le ayuda! Solo preguntar puede hacer la diferencia.

Asociarse y gritar

Otro consejo muy importante para aumentar sus seguidores en YouTube es buscar otros YouTubers con los que pueda asociarse. Si ve cualquier canal grande, encontrará que muy a menudo funcionará con otros canales grandes y contará con la presencia de invitados de otros, o simplemente mencionará a esos otros creadores.

Un canal que hace esto muy bien es VSauce, que presenta respuestas a muchas preguntas fascinantes. Michael Stevens es el creador de este canal y casi siempre recomienda a otros creadores o les invita a hablar sobre sus áreas de conocimiento especial.

Esto es esencialmente "marketing influyente". Significa que está encontrando un "influenciador" (cualquier persona con una gran audiencia existente) y luego logra que le promocionen.

La clave del éxito en este campo es no intentar ser demasiado ambicioso de inmediato. En otras palabras, es probable que no reciba una invitación de VSauce a menos que ya sea bastante popular. En su lugar, intente encontrar a alguien que tenga el mismo tamaño que usted en un nicho similar y luego pregúntele si desea hacer un video cruzado con usted. De esta manera, ambos pueden ganar exponiéndose entre sí a sus respectivas audiencias. Esto le dará un aumento en los números y eso significa que puede intentar comunicarse con alguien más grande la próxima vez.

Si no tiene suerte con esto de inmediato, también puede intentar simplemente dar menciones gratuitas a las personas; es posible que los creadores se sientan halagados y consideren que es apropiado hacer lo mismo por usted.

Trate de no ver a otros creadores en su nicho como sus competidores. En cambio, véalos como colegas y piense en el nicho como una comunidad de creadores. De esta manera, podrá congraciarse en esa comunidad y trabajar con ellos para ayudarle a darse a conocer mientras entrega algo nuevo para sus espectadores.

Publicidad

Por supuesto, la plataforma de publicidad de YouTube no es solo una forma de ganar dinero, también puede ser una forma de gastar dinero en sus propios anuncios.

De esta manera, puede crear un anuncio que se mostrará al inicio de otros videos y atraerá gente a su canal.

Sin embargo, esto cuesta dinero y, por lo tanto, no será una buena opción a menos que ya tenga una buena forma de configuración de monetización, y eso debe ser más que solo publicidad. Si su canal de YouTube es el comienzo de un embudo de ventas efectivo, eso lleva a la gente a comprar un artículo de alto costo, entonces puede calcular su LCV (valor del cliente de por vida) y luego decidir cuánto está dispuesto a gastar en anuncios.

Crear otros medios y realizar promociones cruzadas

Finalmente, asegúrese de no realizar todas sus promociones en YouTube. La mejor manera de ver YouTube es como parte de una estrategia mucho más amplia para construir su marca y generar confianza e influencia en toda la web.

Eso significa que debe estar en las redes sociales lo que le dará una forma de compartir su contenido a medida que consiga más seguidores.

Considere esto como un ciclo virtuoso e intente concentrarse en la sinergia entre sus canales sociales y su canal de YouTube: puede pedir a las personas que lo sigan en Twitter y Facebook que lo hagan con sus videos. Con suerte conseguirá más participaciones. Esto ayudará a que su marca se sienta más como un movimiento en lugar de un espectáculo de un solo hombre y debería ayudarlo a construir seguidores genuinos.

Mientras tanto, su blog puede desempeñar un papel similar y puede usarlo para agregar contenido adicional a sus videos. Esto facilitará la búsqueda de sus videos en Google y brindará a sus seguidores una base en la que podrán disfrutar de su contenido cuando no tengan la opción de ver YouTube.

La clave para una buena marca es "estar en todas partes" y solo porque YouTube es su enfoque, eso no significa que deba ignorar otros canales.

Comentarios de cierre

Hay una gran cantidad de cosas que tomar en cuenta aquí, pero lo más importante es que siempre debe tener en cuenta que su objetivo es proporcionar valor y ofrecer algo diferente. Puede ser inteligente sobre la forma en que lo hace para minimizar su trabajo y maximizar su exposición, pero la clave es ser genuino, ser interesante y trabajar realmente en la calidad y los valores de producción.

También es muy importante ser coherente y mantenerse alejado. No espere que la fama venga de la noche a la mañana y no espere que su primer video obtenga miles de visitas. Esto requiere mucho tiempo y dedicación, y debe estar produciendo videos de alta calidad de manera consistente y confiable si piensa convencer a las personas para que se suscriban y sigan regresando.

Pero si es inteligente y está determinado, no hay razón para que no pueda lograrlo. Dando lo mejor en sus videos lo normal es que acaben llegando los éxitos. Y créame, vale la pena el esfuerzo.

CONVIÉRTASE EN UNA CELEBRIDAD DE YOUTUBE - HOJA DE TRUCOS

A estas alturas, debe conocer la teoría detrás de la creación de una audiencia, el crecimiento de un canal y la sensación de YouTube. ¡Lo que queda es poner esa teoría en práctica!

Esta hoja de trucos le ayudará a hacer exactamente eso al brindarle los consejos, sugerencias y pautas que necesita para que esto suceda. Algunos ya han sido mencionados, pero ahora lo haremos de modo breve junto con otros. Así que coloque esto en su tablón de anuncios o téngalo a mano y póngase a trabajar.

Requisitos del equipo

Cámara: la cámara debe tener al menos 1080p. Algo útil para buscar es una pantalla de visualización que se pueda girar 360 grados.

Micrófono de solapa: el sonido es casi tan importante como el video y, si se equivoca la sección de comentarios del mismo se lo recordará constantemente.

Iluminación: las cajas son la mejor opción para crear una iluminación nítida y clara. La iluminación natural funciona, pero es demasiado poco confiable como ya mencionamos.

Anillo de luz Halo: Esta es una alternativa a la solución de caja suave. No es tan bueno, pero es más asequible y ocupa menos espacio.

Trípode

Cabezal de seguimiento: para obtener tomas panorámicas y 'B-Roll'

Software de edición: algunas buenas recomendaciones incluyen Adobe Premiere, After Effects, Sony Vegaas, iMovie y otros.

Gráficos y medios

Hay una gran cantidad de gráficos y medios que puede agregar a su video para mejorar la apariencia y el rendimiento. Por ejemplo, debe desarrollar un logotipo de alta calidad. Esto le ayudará a diferenciarse y creará una impresión sólida de su marca para que los nuevos espectadores puedan tener una idea rápida de quién es usted y si deben suscribirse. Puede incluir su logotipo superpuesto a su video y usarlo en las redes sociales / su cuenta de YouTube.

También necesitará un abridor de video. Este es un video corto que normalmente actúa como créditos de apertura.

Esto debería ayudar a establecer el tono y dar la bienvenida a las personas a lo que están por ver. También son útiles el respaldo de música (que puede ayudar aún más a crear un estado de ánimo), tercios inferiores, etc.

Recoger B-Roll

B-Roll es el material de archivo que recopila de los elementos de los que está hablando. Esto puede significar hacer tomas panorámicas de un teléfono que está revisando, por ejemplo, o puede significar pequeños clips de sus ejercicios mientras narra los diferentes ejercicios que va a realizar.

Es posible que también necesite material de archivo. Esto significa el video que no creó, pero del que tiene permiso para usar, junto con videos fallidos, tomas, videos de películas o juegos, etc. También puede ser fotos que ilustran los puntos que está haciendo.

CONSEJOS PARA MEJORAR SUS VIDEOS

Hable más despacio: muchas personas se aceleran cuando están nerviosas y, a menos que tenga una buena práctica, es probable que se sienta ansioso tan pronto como la cámara empiece a filmar. Hablar más despacio le hará parecer más seguro y más inteligente, al tiempo que hará que el video sea más fácil de entender.

Mantenga sus videos más cortos: esto significa que los espectadores obtendrán más de ellos en menos tiempo y, a su vez, eso significará que obtendrán una mejor experiencia y se irán sin sentir que perdieron el tiempo.

Gesticule y "actúe": cuando hable ante la cámara, la energía se irá agotando a medida que hable y le hará parecer menos entusiasta de lo que hubiera sido visto en persona. Es por esto que es importante usar gestos más marcados y casi "actuar" el script que ha elaborado.

Grabar lotes, cortar lotes: es importante grabar muchas imágenes. Necesitará mucho más B-roll de lo que probablemente espere para llenar incluso un video corto. Lo más aconsejable es que también grabe muchas más imágenes de usted mismo hablando de lo que eventualmente planea usar. Esto le permitirá más flexibilidad y libertad a la hora de editar. Pero cuando lo edite, sea despiadado y elimine todo aquello que no necesite.

Mantenga el pulso: la razón por la que debe ser implacable al editar es que no desea tener pausas largas o transiciones incómodas. Debe mantener la atención de sus espectadores de principio a fin y eso significa editar las cosas rápidamente para que la toma siempre se mueva, siempre esté hablando y siempre haya sonido y acción.

Piense en su fondo: crear un buen fondo es realmente muy importante para su video y le ayudará a crear un ambiente mucho más profesional. Si no tiene un telón de fondo, entonces puede arriesgarse a que su video parezca poco profesional, ¡como si lo hubiera filmado en la habitación de su madre! Intenta vender la visión y el estilo de vida de su marca, no lo olvide.

Cómo hacer crecer su canal

Mantenga sus videos más cortos: hay más razones para mantener sus videos cortos. Para empezar, es más probable que los videos más cortos se vean hasta el final.

Publicar regularmente: es muy importante que sea consistente de esto. Trate de evitar períodos largos sin cargar nada y asegúrese de que sus videos sean siempre de calidad, estilo y tema constante.

Use marketing influyente: esto significa que aparecerá en los videos que hacen otros creadores y les dará la oportunidad de hacer lo mismo en su canal. De esa manera, ambos se exponen a más espectadores y, con suerte, obtienen más suscriptores. Así es como crecen muchos nuevos canales en YouTube, ¡por lo que es crucial hacerlo!

YouTube SEO

Utilice los términos de búsqueda adecuados para sus títulos de video.

Llene su página de canal de YouTube.

Asegúrese de escribir descripciones largas para sus videos.

Asegúrese de añadir las palabras clave adecuadas.

Siga estos consejos, siga publicando y asegúrese de que ama lo que hace.

TRÁFICO DE YOUTUBE

Permítame preguntarle algo: ¿está utilizando YouTube como una estrategia de marketing para la generación de tráfico en su negocio?

En pocas palabras, YouTube es, con diferencia, una de las plataformas más poderosas, pero aún poco utilizadas en Internet cuando se trata de marketing en línea.

En particular, YouTube es el segundo motor de búsqueda más grande en la red. Como tal, también es la mejor plataforma para participar en el acto del video marketing la cual, si no lo sabía, es una de las herramientas más poderosas para persuadir a las audiencias para generar clics y conversiones.

Considere el impacto que el video tiene en usted en su propio día a día. Piense acerca de la ubicación de los televisores en su mundo y cómo a menudo son un elemento central de la mayoría de las áreas residenciales. ¿Con qué frecuencia ha empezado a ver un programa de televisión o un documental demasiado tarde en la noche y terminó quedándose levantado pasada la "hora de dormir" solo para enterarse de la acción?

YouTube también ofrece innumerables ventajas para el marketing en redes sociales. Para empezar, le da el poder de construir un seguimiento que puede comercializar continuamente en el futuro. También le permite aprovechar sus conexiones a través de marketing influyente y otras estrategias. Esto difiere mucho de Facebook y Twitter, donde hay un gran elemento de suerte involucrado.

Adquirir el éxito de marketing en YouTube se trata de tener algo interesante que decir y luego una forma única de transmitir ese mensaje. Si cumple con estos criterios y ha descubierto cómo empaquetarlo, entonces YouTube puede ofrecerle un éxito continuo casi garantizado.

¿Algún inconveniente? El éxito de YouTube implica un poco más de trabajo que algunas de las otras estrategias que puede haber probado en el pasado.

Pero mientras esté dispuesto a ejecutar los pasos necesarios, podrá crear un gran número de seguidores e influir en ellos como en ninguna otra estrategia.

CREACIÓN DE UN PLAN DE MARKETING DE YOUTUBE

En esta sección, vamos a cubrir cómo va a utilizar YouTube y cuál será su plan de marketing para el éxito. Hay una serie de factores que se deben considerar aquí y, por supuesto, la naturaleza general de su plan de marketing dependerá del tipo de empresa o compañía que ejecute, sus objetivos y otro tipo de aspectos particulares.

Además, su presupuesto, recursos y otros elementos también tendrán un impacto en la dirección que necesita tomar cuando cree su audiencia en YouTube y adquiera tráfico y visitas. Independientemente de la naturaleza de su estrategia de marketing de YouTube, obviamente necesita comenzar en algún lugar. Así que eso es exactamente lo que vamos a ver.

Para empezar, si está utilizando el video marketing de YouTube para promover un negocio existente, la monetización no es un problema para usted. Si es nuevo en el marketing digital, debe determinar cómo va a beneficiarse de los espectadores y del tráfico que reciban sus videos.

¿Está promocionando su sitio web o productos en las descripciones?

¿Está ejecutando videos basados en publicidad (para sus productos u otros)?

¿Utilizará anuncios de YouTube para monetizar el tráfico que ve sus videos?

¿Planea interactuar en YouTube y tener presencia allí?

Otra parte de su plan será determinar cómo va a aumentar el éxito de los videos que atraen audiencias más grandes. Aquí es especialmente útil tener en mente una buena estrategia, así que pregúntese cómo obtendrá sus primeras 100 visitas y luego pregúntese cómo obtendrá los primeros 1,000 suscriptores o seguidores.

Más importante aún, considere los tipos de temas, productos o contenido que presentará en sus videos. ¿Los temas serán fáciles de clasificar? ¿Está atrayendo suficiente audiencia para que valga la pena invertir su tiempo? ¿Hay alguna plataforma o red en la que pueda realizar una promoción cruzada de sus videos y medios para aumentar la visibilidad y el potencial?

Para estos factores, puede ser útil realizar una investigación de mercado e incluso una investigación de palabras clave al observar a su competencia e incluso a los métodos tradicionales para excavar y ver el potencial general.

Considere si existen otros creadores de YouTube o canales que estén haciendo dinero de la plataforma en su mismo nicho, haciendo lo que hace.

¿Qué tan exitosos han sido?

¿Hay más oportunidades para que capitalice ese tráfico?

¿En qué nicho(s) están trabajando estos creadores?

¿Cómo están comercializando su marca?

¿Tienen sus propios productos o cómo monetizan su red?

Tenga en cuenta que no hay nada de malo en "pedir prestado" un modelo de negocio que actualmente funciona y produce resultados. Si hay un YouTuber popular por ahí en su nicho que está ganando dinero con las ventas de libros electrónicos u otras ventas de ese tipo, entonces asegúrese de prestar atención a lo que está haciendo.

Aún mejor, eche un vistazo a sus videos más antiguos y vea cómo han ido construyendo gradualmente su audiencia y su red al punto en el que están ahora.

Una vez que tenga su modelo y plan de negocios en mente, debe comenzar a trazar todo esto en una hoja de papel o un recurso en línea para la planificación. Esto le dará un plan de acción que puede seguir.

Tome decisiones aquí, como la cantidad de videos que necesitará cargar para llegar a su público objetivo. Piense cuál será el tema de cada uno de sus videos y luego vaya tan lejos como para trazar su trayectoria a lo largo del tiempo. Cuantos más detalles pueda hacer en su proceso paso a paso para la comercialización en

YouTube, más fácil será mantenerse motivado y lograr resultados (y éxito).

También recuerde que cuando cree este tipo de plan de negocios, debe usar estimaciones y proyecciones que no sean demasiado optimistas. Asegúrese de que su plan funcione en el "peor de los casos" y no se ponga un estrés innecesario. De esta manera solo puede estar satisfecho con los resultados que termine logrando.

LA ESTRATEGIA DE SOMBRERO GRIS PARA EL ÉXITO DE RANKING DE YOUTUBE

En primer lugar, permítanme decir que la razón por la que se llama gorro gris es porque hay varios métodos de hacerlo. Algunos de ellos son sombrero negro y otros son sombrero blanco. El método completo aquí está bien en lo que respecta a cualquier plataforma de alojamiento o intercambio de videos. Así que no hay necesidad de preocuparse por eso.

Ahora que hemos aclarado esto, vamos a ello.

En términos de crear un video, no importa qué tipo de video suba a YouTube, esta estrategia funcionará para cualquier video. Solo asegúrese de que su video esté optimizado en términos de producción. Eso significa que debe tener un claro llamado a la acción dentro del video, o algo que aliente a su espectador a actuar de una forma u otra. Esto depende, por supuesto, del objetivo de su video.

Supongamos que tiene un video creado y que ha configurado su canal de YouTube para que la página de inicio esté totalmente optimizada. Debe tener un nombre de canal apropiado, práctico, una descripción, redes sociales conectadas y hacer que parezca que el canal está activo, como debería ser.

Esta es la parte importante, tiene que hacer una investigación relevante para la optimización de su video.

Supongamos que está subiendo un video a YouTube como parte de su estrategia de marketing, que sería ganar visitas y muchas veces conversiones. Esto significa que desea que el video tenga un alto rango en los resultados de búsqueda, y atraer visitantes únicos con el piloto automático. Después de todo, ese es uno de los mayores beneficios de la comercialización de videos en general cuando se trata de Internet.

Va a querer hacer algunas búsquedas en Google y YouTube para la búsqueda de palabras clave relevantes relacionadas con el tema de su video. Esto podría ser diferentes variaciones de palabras clave o frases clave. Desea determinar la cantidad de tráfico que es posible para ciertas combinaciones y palabras clave en ambas plataformas, ya que están esencialmente entrelazadas.

Durante su búsqueda debe tomar nota de varios elementos de las búsquedas:

¿Hay una clasificación de video para las palabras clave en la página 1 de Google o YouTube?

¿Cuántas vistas reciben los mejores videos del ranking?

¿Qué es lo que no les gusta y la proporción de comentarios del ranking de videos?

¿Son los comentarios e interacciones recientes?

¿Qué tan bien optimizado está el video para estas palabras clave? ¿Está clasificado naturalmente o parece que ha estado funcionando durante mucho tiempo?

¿Es el cargador del video un canal establecido o no?

Todos estos factores lo ayudarán a determinar si una palabra clave o un conjunto de palabras clave vale su tiempo. En general, solo debe investigar y ver si puede mejorar otras campañas o sacar provecho de las palabras clave que están abiertas y aún no se han utilizado en los videos para ellas.

Ahora que ha investigado, debería tener algunas palabras clave para el video que planea subir. Cuando suba el video, trate de vincular las mejores palabras clave con el título. También debe incluirlas naturalmente en la descripción. Haga esto escribiendo un breve resumen sobre su video y coloque las palabras clave allí de forma natural.

También use la función de "etiquetas" que YouTube le ofrece, aquí es donde debe ingresar las palabras clave más relevantes para su video. Sin embargo, es muy importante que no empiece a "rellenar palabras clave" durante todo esto. El relleno de palabras clave es cuando coloca sin importancia toneladas de palabras clave en la descripción, el título y las etiquetas de su video. En realidad, esto no solo afecta sus clasificaciones, sino que también se ve mal. Seleccione un grupo pequeño de palabras clave muy específicas para cada video que suba.

En algunos casos, puede crear múltiples videos genéricos con una llamada a la acción y tal vez técnicas o estilos diferentes, y luego cárguelos con este método. Ahí es donde algunos vendedores pueden considerar que este proceso es un poco gris o incluso negro.

Una vez que se haya cargado el video y haya optimizado las palabras clave en el título, la descripción, las etiquetas, etc., estará listo para comenzar el próximo paso hacia la clasificación.

Si quiere ir a la ruta natural de sombrero blanco, que es altamente recomendable, entonces lo que debe hacer es compartir el video en todas sus redes sociales. Proceda a insertar el video en una página o sección relevante de su sitio web. Cree compromisos naturales y anime a su audiencia a compartir su video también. La paciencia es el factor más importante en esta parte.

No tenga miedo de establecer contactos y comunicarse con otros usuarios de YouTuber (educadamente) para preguntar si pueden ayudarlo con su(s) video(s). Con el tiempo, cuantas más señales sociales y enlaces de respaldo natural reciban hacia su video, mejor será su clasificación. Si está creando contenido valioso, entonces no debería ser un problema conseguir que sitios web y otras redes y personas compartan su contenido con su propia audiencia o amigos.

Si desea ir a una ruta algo negra, puede comenzar a comprar vínculos de retroceso o ejecutar campañas de SEO y señalarlos a su(s) video(s). Algunos de los mejores puntos de venta para comprar este tipo de backlinks a granel deberían ser Fiverr o incluso SEOClerks. Incluso puede comprar o atraer diferentes señales sociales y dirigirlas a su video. Este es un gran éxito o no y puede ser extremadamente arriesgado, así que utilícelo con precaución en sus campañas.

En general, este método funcionará muy bien si le da su propio toque y tiene mucha paciencia. Si selecciona las palabras clave adecuadas y continúa creando contenido valioso, su audiencia se expandirá y verá llegar mucho tráfico con el piloto automático.

6 MÉTODOS GENERALES PARA MÁS VISITAS Y TRÁFICO EN YOUTUBE

Youtube tiene un excelente potencial para crear conciencia sobre una marca, productos o los servicios que ofrece una persona. El desafío, sin embargo, es que hay miles de videos existentes en la plataforma y los usuarios siguen subiendo más y más videos a cada minuto. Y obviamente, cada uno de estos usuarios espera obtener vistas.

Entonces, ¿cómo se asegura que su video sea visible y atraiga visitas o tráfico?

Los siguientes son 6 consejos para obtener más visitas y tráfico en YouTube.

Realice investigaciones para su canal de video

El secreto para atraer muchas vistas a su video es entender primero a los espectadores. Para ello, se requiere investigación para determinar el propósito del video, la audiencia objetivo, el valor del contenido que la audiencia busca y dónde, además de YouTube, se encuentra la audiencia encontrada. Con esta información, puede marcar sus videos de una manera que atraiga a las masas objetivo. Un método relativamente fácil de investigar es mediante el análisis de los videos de Youtube con la mayor cantidad de visitas o compartidos.

Crear videos de calidad y atemporales

Cuando se trata de la web el contenido es el rey. La gente ve los videos porque esperan obtener valor en forma de conocimiento, entretenimiento u otra razón. Por esta razón, el contenido debe ser valioso, de buena calidad de audio y video, no discriminatorio y uno que abarque religión, raza y género. Es sorprendente la cantidad de videos que suben los usuarios de YouTube que no cumplen con dichos estándares y se preguntan por qué sus videos no atraen visitas. Recuerde que la forma más fácil de obtener más vistas es cuando el video se vuelve viral y cada uno lo comparte o marca a sus amigos. Nadie quiere compartir videos de mala calidad, ofensivos o aburridos.

Escriba descripciones de video atractivas y detalladas

Cuando suba un video en Youtube, ni Google ni Youtube pueden verlo, ni siquiera escucharlo. En su lugar, confían en el texto que la persona usa para describir el video para entender e incluso clasificar el video. Como Google usa las palabras en la descripción del video para enumerarlo, es prudente que una persona proporcione una descripción detallada. Después de todo, si se ha tomado su tiempo para hacer el video y subirlo, dedicar unos minutos a escribir su historia no va a doler. Además, con un mejor ranking, obtiene más vistas.

Optimizar sus palabras clave

Aunque vale la pena tener un buen ranking de YouTube, es más gratificante si la clasificación se extiende a Google y las búsquedas en los motores de búsqueda.

Es obvio que el tráfico de muchos sitios web proviene de motores de búsqueda como Google, que crean clasificaciones de páginas que dependen principalmente de las palabras clave utilizadas.

Por lo tanto, si desea más tráfico para su video, considere usar palabras clave de video apropiadas que le den una ventaja a su video en la página de resultados del motor de búsqueda.

Una forma fácil de identificar las palabras clave del video es descubrir las palabras clave utilizadas por otros videos de YouTube que aparecen en las primeras páginas del motor de búsqueda y luego usar esas palabras en la descripción de su video.

Capitalizar en las plataformas de medios sociales

Las plataformas de medios sociales son herramientas útiles para transmitir el mensaje a las masas. Vale la pena utilizar plataformas como Twitter, Facebook, LinkedIn, Quora, Whatapps, Instagram, Pinterest y muchas otras. Publique enlaces a su video en esas plataformas e incluso pida proactivamente a la comunidad en línea que lo vea, comente, recomiende e incluso comparta con sus amigos y familiares. Sin embargo, tenga cuidado de no enviar spam a las cuentas de redes sociales de otros usuarios.

Otra idea es unirse a comunidades y foros que tratan temas relacionados con sus direcciones de video. Para responder a la pregunta de un miembro, solo ofrezca información y publique el enlace a su video de Youtube que proporciona la información detallada.

Determine si hay un ranking de videos alto en las SERPs de Google

SERP es el acrónimo de Search Engine Result Pages. Esto son las páginas de resultados de búsqueda de Google.

Como se mencionó anteriormente un buen indicador es si puede clasificar fácilmente en la página uno de los resultados de búsqueda de Google, es si ya hay un video allí arriba o no.

Además, si hay un ranking de video: ¿Qué tan bien optimizado está? ¿Puede optimizar mejor su video y aumentar sus señales sociales? Si es así, puede fácilmente sobrepasarlo.

CONCLUSIÓN

Puede haber llegado a esto sin estar seguro de cómo debe acercarse a YouTube o cómo puede implementarlo en su negocio. En este punto, no solo debe tener en mente un plan de acción, sino que también debe tener algunas ideas sobre cómo planea comercializar y dirigir el tráfico a sus videos en esta increíble plataforma.

Realmente no hay mucho que saber acerca de YouTube, aparte de los conceptos básicos de configuración de su canal, conexión de redes y creación de contenido con regularidad. Si bien esto proporciona una descripción básica de YouTube, hay muchos consejos, trucos y estrategias que puede utilizar para obtener más de él.

Además, siempre debe hacer un alto para monitorear sus resultados y revisar los análisis cada vez más completos que YouTube le proporciona en su panel. Esto puede ayudarlo a determinar de dónde proviene su tráfico y cómo puede ampliar o incluso modificar sus campañas actuales para beneficiarse aún más.

Para resumir, debe enfocarse en lo siguiente:

Crear videos de alta calidad.

Subir lo más regularmente posible.

Tomar un enfoque sistemático.

Hacer SEO básico.

Compartir en las redes sociales.

Construir una comunidad.

Subir con temas y títulos interesantes.

Crear redes y formar asociaciones.

Lo que encontrará al hacer todo esto también es que puede ser altamente gratificante por derecho propio. Tan pronto como agregue un video bien hecho a su página de inicio, todo su negocio se verá más serio y profesional y se sentirá mucho más capacitado.

No pierda el tiempo y póngase en marcha ya. ¡Ánimo y mucha suerte!

www.ingramcontent.com/pod-product-compliance
Lightning Source LLC
Chambersburg PA
CBHW071420220526
45469CB00004B/1358